Monodias
Luis Rodríguez Cao

Colección Baños del Carmen

Luis Rodríguez Cao

Monodias

EDICIONES VITRUVIO
Colección Baños del Carmen,
nº 1. 027

www.edicionesvitruvio.com

Primera edición 2024

© Ediciones Vitruvio
C/ Menorca, nº 44
28009
Madrid
Teléfono: 91 573 21 86

ediciones vitruvio, nº 1. 704
ISBN: 978-84-129496-6-7

Prólogo

En los últimos días del verano las noches exhalan perfume de jazmines que envuelve el aire en el floral y cálido aroma del don divino de los persas. Entonces sabemos de la magia y el misterio de las mil y una noches. Cómo explicarlo sino es sintiéndolo. Del mismo modo os pregunto, ¿cómo hacer entender y aspirar el delicado aroma de la poesía en los versos que arman y dan vida a los poemas de Luis Rodríguez Cao en el libro Monodias? Porque, recordamos con impotencia una vez más, al igual que el perfume de los jazmines, la poesía se siente, no se explica.

Permitidme, no obstante, la osadía de intentar alguna clase de respuesta a la pregunta sobre la naturaleza de las emociones suscitadas por la esencia de la poesía de este libro. Un libro, pero no solamente uno más, arrojado al caudal vertiginoso de las publicaciones literarias que siguen ordinariamente su curso hasta, en tantas ocasiones, el mar del olvido de las estanterías.

Y digo que, siendo libro y siendo buen libro de poesía, no es uno más entre los libros porque siempre merecerá, por cuanto nos revela, las manos que lo rescaten de los anaqueles de la librería y lo abran para el regalo de la lectura. Y lo que vamos a encontrar, también siempre, es la rara cualidad de conseguir liberar para nosotros la belleza que reposa sobre la materia de las cosas que nos descubre.

Tal vez sirva la cita del filósofo J. M. Valle Bilbao, que viene oportuna en mi auxilio, para determinar de manera brillante qué es la belleza, concebida como "la ofrenda con que la atención es obsequiada" y que define como la adquisición "de una conciencia porosa de nuestros afectos, vulnerabilidad y finitud".
La poesía de Rodríguez Cao, manejando con exquisita ternura la sensible permeabilidad de la palabra, nos regala -a través de nuestra atención- esa eventualidad de la belleza en el encuentro

con nuestros afectos y la frágil realidad de lo que somos, tal y como nos recordaba el filósofo.

Del cómo lo hace subrayemos –de entrada- la ordenada escritura de una poesía lejos del encumbramiento, sin aparatosos saltos funambulistas entre temas, de estilo sobrio y el feliz y oportuno recurso de bellas imágenes y metáforas contenidas. Es el canto sostenido a una voz, pero capaz de reflejar los destellos de la polifonía. Y lo hace con la serena seguridad que sigue a la reflexión sentida, más allá de la filosofía, sin concesiones al sentimentalismo o la autocompasión. En los cantos que conforman el cuerpo principal de Monodias hay un orden natural que va desde los orígenes hasta el final de la vida como expresión de una existencia multiplicada y diversificada en cuyo recorrido podemos escuchar, entre sus resonancias, la voz del miedo, la incertidumbre y la inseguridad que nos hace temblar y acercarnos a la añoranza del amparo de un dios; se debate en la tensión entre lo infinito de la nada y lo categórico de la ciencia que se estrella contra la materia y su impotencia por trascenderla, pues –como dice el poeta- "no se alcanza la música estudiando las tripas / con que se construyen las cuerdas del violín". Este recorrido existencial estará, empero, transido por el sentimiento y la emoción del amor como una medida de todo. En este sentido absoluto precitado nos descubrirá en el poema "Edén" cómo el amor es único y para siempre, incluso bajo tierra, haciendo bueno el glorioso soneto de Quevedo en "Amor constante, más allá de la muerte". En el poema "Amistad" encontrará el poeta otra expresión de la naturaleza del mismo amor en la entrañable e íntima pureza de la generosidad.

Cuando Luis transita en sus poemas por encima de la piel que arropa y viste la naturaleza, encuentra flotando la melancolía, pero por debajo descubre palpitando el amor, el mismo amor del agua de la lluvia, el bullicio del verano, las nubes hechas niebla o el bálsamo de la nieve abrazando los recuerdos. El amor como juego, el más bello –dice- se remueve entre las sábanas desordenadas y la escritura íntima de los renglones de las caricias sobre la piel. Incluso penetra en nuestra vida hecha teatro y nosotros como protagonistas y espectadores. Si hay un origen, también ha de haber un final, un ciclo que se completará con el paso por la infancia, la juventud, la madurez y la inevitable decadencia, esa herida de los años reflejada en los espejos y el temor de la vejez que todo lo convierte en recuerdo doloroso para enfrentar ese final escondido en los pliegues del alma, tras la travesía por los laberintos de la vida, que revela, por otra parte, la conciencia del paraíso que Luis conoce y nos presenta vestido de amor, esperanza, ternura, y los hijos.

Estamos, avisado lector, ante un libro sincero y honesto que –como he dicho- nos acerca y abre la puerta de la belleza y al que Luis Rodríguez Cao ha sabido dotarlo de alma. Y así como podemos entender que el alma verdadera de Aldonza Lorenzo es y será siempre Dulcinea del Toboso porque don Quijote se la dio, del mismo modo Luis ha querido y podido darle a la palabra, en cada uno de sus versos, el alma de la poesía. No me parece, humildemente, poco regalo.

La puerta a la belleza está abierta; en tu mano queda, lector atento, franquear el umbral y pasar, con sosiego, a leer. Es todo cuanto, hasta aquí, puedo decir, y digo, no creyendo conveniente ni provechoso alargar con más palabras, más ociosas que necesarias, la espera. Vale.

Julio González Alonso

9

Monodias

Por un instante se desprende de los sueños
y ve el cielo, la luz, nada se mueve, no se oye nada
James Salter

A Laura y Pablo
A Iago y Vera

CANTO I

FICCIONES

1 CREACIÓN

Alzo las manos hacia ti y abrazo la nada.
Es este el universo en el que yazgo,
millones de años antes de la Creación,
cuando todo era oscuridad
(igual que ahora).

Pero podría esculpir tu cuerpo en ese vacío eterno,
y besar tus labios para devolverte
el aire que me diste, el último aliento
de una vida acabada.

Así todo retornaría a su origen
y Dios volvería a tener sentido.

2 CIELO

El grito atraviesa la noche como una súplica
o una llamada de muerte,
¿cómo estar seguro?
No puedo reconocer esa voz, ¡no puedo!,
pero anhelo unirme a ese canto estremecido.
Entonces te busco en la oscuridad
como un niño asustado, y quisiera,
también yo, gritar mi desconsuelo.
Sin embargo todo es vacío en este mundo de los espíritus.

Nada en el cielo me conmueve.

3 UNIVERSO

Nada es infinito salvo la Nada,
en ella no hay medida, dimensión, principio o fin.
La ciencia anhela el infinito que niega,
no admite su fracaso; busca en caminos equivocados.
Como los topos se empeña, una y otra vez,
en horadar la tierra,
en desmenuzar la materia:
¡La materia, qué torpeza!
No se alcanza la música estudiando las tripas
con las que se construyen las cuerdas del violín.
Tampoco el amor.

El Universo es como el amor,
tiene la medida de tu abrazo.

4 EDÉN

Mis labios aún retienen tu sabor dulce y antiguo,
el fruto prohibido del que todo surgió.
A él quiero volver y decirte las palabras
que, torpemente, aprendí.
Y su eco es tu voz
y es mi voz,
y tu cuerpo es el mío.

Pronto, muy pronto, te buscaré
junto a las cascadas de aguas cristalinas,
entre los árboles de hojas inmensas.

O bajo la tierra negra.

5 DIOSES

Sé que estáis ahí, observándome,
pero yo os temo,
(porque ninguna cobardía me es ajena).
Tened paciencia,
tenéis tiempo, todo el tiempo,
vosotros lo creasteis.

Mientras tanto,
os busco en los templos vacíos
y en las estrellas.
¡Soy tan torpe!
Todavía no comprendo
que estáis en mí, confiados.

Esperando.

6 REVELACIÓN

Siento el susurro de Dios en mis oídos. Dice:
"Este temblor es tu espíritu, eso es todo".

"¿Y la vida, cuál es su sentido?", le pregunto.
"¿Por qué existen la injusticia, el dolor, la muerte?"
"Por favor", insisto.
            Pero Él se ha ido.
            Estaría ocupado.

7 MUNDOS

Tu imagen permanece suspendida en el tiempo
(nuestro tiempo),
tan leve que ningún dios osaría importunarla.
Ellos se entretienen con la contemplación
de millones de mundos inconexos,
de sus órbitas imposibles y
sus giros infantiles.
Así es la creación, ese juego absurdo.
Pero yo cierro los ojos para mirar solo hacia dentro,
al único lugar en el que puedo encontrarte.
No siempre lo logro,
tu imagen antigua se vuelve esquiva,
pierde color, como si quisiera desvanecerse
y descansar, aburrida de un juego
que ya no es el suyo.

Pero yo insisto, me aferro a ella
como el náufrago a la roca,
como el bebé al pecho de su madre.
Tu imagen, el único mundo en el que
encuentro consuelo.

8 ALMA

Esa vana esperanza.
En ella buscará consuelo mi cuerpo vencido;
a ella se aferrará mi voluntad postrera.
La llamo mientras balbuceo tu nombre
en esta noche eterna:
¡Alma, alma!

Pero no hay respuesta,
solo el eco del silencio
en este vacío desolado.

9 INFIERNO 1

Ángeles condenados al abismo
abrazan mi cuerpo eterno,
sin pausa ni misericordia.
Lo rodean, lo engullen ávidos,
satisfechos de su oficio justiciero.
No conocen la redención, ni el perdón,
no les es posible esa dicha.
Sonríen al mirarse,
se ve que disfrutan con su trabajo.

Yo observo sus muecas horrendas
mientras desmiembran mi cuerpo.
Y río enloquecido al comprender
que esta tortura se repetirá eternamente.
Después me calmo y la paz llena mi espíritu.
Porque sé que no hay mayor dolor
que tu imposible olvido.

10 ATEÍSMO

Como un sonámbulo transito
los rescoldos de tu ausencia.
Desesperado inmolé vírgenes
y levanté piras sacrificiales.
Caminé sobre púas ardientes
y recé a los dioses implorando
tu imposible olvido.

Así permanecí atento a su respuesta
un día, un año, una era.
Pero tu memoria sigue en mí,
intacta, inextinguible.

¿Por qué no me contestan?
¿Quizá mis sacrificios no son de su agrado?
O, simplemente, están tan altos en su cielo
que la creación de mundos nuevos
no les deja tiempo para sus criaturas.

11 RESURRECCIÓN

Hoy quiero apartar esta tierra negra
y empujar la lápida que la cubre,
para alzar los brazos y abrazar la luz
que ilumina tu ausencia.
Así me alejaré de los ángeles caídos,
y no oiré las voces horrendas de los condenados.

Hoy dejaré que mi espíritu vuele libre,
acunado por el viento que susurra en los árboles
su canción de esperanza.

Y llenaré mi alma de vida,
para volver a ti y llevarte, dulce amor mío,
hasta lo más alto de la bóveda celeste,
lejos del abismo en el que descansamos.

12 SILENCIO 1

El silencio se filtra por las rendijas
de mi alma cansada,
la noche lo engrandece, lo atesora.
Esconde tu nombre como el preso la lima
que lo liberará;
como la tierra la semilla
que hará renovar la vida,
creada por dioses olvidados.

No hay eco en este silencio.
Tu voz se oculta en los surcos del tiempo, inasible.

No hay tiempo en este silencio.
Tampoco esperanza.

13 SILENCIO 2

Todo es ruido en este país hecho para el ruido.
También tú formas parte de este decorado
de gentes en busca de gentes,
de voces que acallan otras voces,
de música que oculta la verdadera música.
Solo el mar guarda memoria del silencio;
solo mi alma guarda memoria de ti.

Una vez recorrido el camino del olvido
también yo me sumergiré en el silencio.

Allí te seguiré amando.

14 CONOCIMIENTO

Es el conocimiento lo que nos destruye,
lo que nos envenena.
Como a Adán su torpe ambición,
suya es la culpa.

No hay salvación
perdida toda inocencia;
es esa la verdad que nos condena,
el merecido castigo,
la pena eterna.

15 SUEÑO

Nada existe salvo tu ausencia,
por eso voy a buscarte allí donde resides.
No es lejos,
ni siquiera debo alargar los brazos
para alcanzarte,
me basta con tener los ojos cerrados.
Ahí está tu voz, tan dulce;
y tus labios,
tan cerca de los míos que son los mismos labios.
Y tus manos
en mis manos,
sujetándolas
para que no se extravíen en tus pechos.
Y tu cuerpo,
que es mi cuerpo.
Y tu alma,
que es la mía.

Pero seré fuerte pues conozco el engaño:
No abriré mis párpados a esta luz
que quiere simular que la vida continúa.

16 TERNURA

Está en los niños, solo en ellos,
después se pierde en los surcos de la vida.
¡Por eso me siento tan afortunado!
Porque la he visto en mis hijos y en sus hijos,
la he recuperado.
Nada me parece más dulce, nada la iguala.
En ellos está el amor, solo en ellos.
Hubo un tiempo en que creí que tú también lo poseías,
pero estaba equivocado.
No esa clase de amor, no la ternura hecha carne.

Tu amor, el otro amor, tiene gotas de ternura,
pero es otra su esencia.

Y yo busco la ternura.

17 AMISTAD

La amistad es el amor puro;
se alimenta de generosidad,
 muere de envidia,
esa temible enredadera.
Yo, como tantos otros, conocí la amistad
y, también como muchos otros, la perdí
en medio de esa planta asfixiante.
Allí yace.

Pero hoy vuelve a mí la añoranza
de la amistad perdida,
de aquellas voces,
de aquella cercanía.

Hoy cuando nada es posible.

18 BELLEZA 1

Todo me lleva a ti.
Veo la belleza del mundo en el viento y en el sol,
en el árbol y en la nube,
en los colores del cielo
y en la negrura del abismo.
Y quiero abrazar la luz
y la noche
y emborracharme de esta lluvia
y este mar.
Quiero ascender a las altas cumbres
y bajar a los infiernos.
Quiero caminar sobre las aguas
y volar a tu lado mecido por el viento.

Todo lo quiero porque todo está en ti.

19 NADA

Hay un temblor en el alma,
un desgarro,
un abismo hondo y negro
donde habita la memoria,
un erial,
un paisaje yermo.

Hay (hubo, nada es)
una piel morena,
unos ojos cálidos,
unos pechos en mi pecho,
unos labios en mis labios.
Pero nada queda de tu desnudez de ángel caído:
ni sueños,
ni memoria del cielo alcanzado.
Nada
       de la lasitud de dos cuerpos abrazados.

CANTO II

NATURALEZA

1 NOCHE

Es la noche lo que recuerdo,
todas las noches.
Pero hay una en particular,
no la primera,
ni la segunda,
no tiene número.
¿Qué importan los números?
No esa noche.
Estabas tú y estaba yo, y estaba la vida;
porque esa noche, en esa noche sin número,
sentí la vida como solo puede sentirla un dios.
No hubo ansia en esa noche,
ni tiempo;
todo el tiempo fue esa noche.

Desde entonces todo es noche.

2 LA LUZ SUCUMBE

Cae la noche.
La luz sucumbe a la negrura,
debe retirarse,
dejar paso a una fuerza más poderosa.

Está cansada, han sido muchas
las cosas que ha tenido que afrontar:
el amanecer espléndido
que tiñó de oro y fuego el cielo y el mar,
el reverdecer de los campos
en los que resucitará la vida,
la sinfonía de los pájaros
y los pétalos de las flores,
o el renacer de aquel anciano
ansioso de luz y calor.

Sí, ha sido grande la tarea;
debe descansar, así, quizá,
mañana se recupere.

3 AMANECER

La noche se esconde en la negrura
cumplida su misión con los amantes.
Los ha protegido,
ha velado sus cuerpos deteriorados
mientras reviven la ilusión
de la juventud perdida.
Los amantes aman la noche,
le están agradecidos.

Pero yo amo esta luz naciente
que me devuelve el mundo,
lejos de las sombras de quienes
todavía gozan el amor.

4 DÍA

El día enciende la noche,
celoso de esta negrura cálida.
Pero yo cierro los ojos
admirados de tu desnudez
y tu desamparo.

Así mi cuerpo, saciado de tu luz
y tu abrazo,
ya solo busca el descanso.

5 LA MAÑANA

El olor es intenso esta mañana;
huele a flores, a vida renacida,
a vida deseosa de ser vida.
Y yo quiero escarbar la tierra con mis manos
para que el sol la alcance y la desvele.
Esta tierra tan cercana, como caída del cielo.

Atrás queda la noche oscura y fría,
y el temor y el ansia desbocada.
Temí que no pasara la noche,
que fuera ya la noche eterna.
Sentí que me buscaba en las sombras,
ella misma sombra, toda sombra y negrura.

Pero llegó la mañana. El sol se filtró
entre las cortinas y regresó el rumor del mar
y el olor intenso a flores.
Así volvió a mí la vida para recuperar tu ausencia.

6 MAR

El mar no es esta superficie calma como un espejo,
no es mar este mar.
No es mar el que reniega del abismo
y anhela el sol, la luz y el viento.
No es mar quien quiere ser cielo.
El mar no teme lo profundo,
ambos son uno, abismo y mar.
El abismo es mar, de él surgió la vida,
no del cielo.
Un mar sin alma no es mar.

Tú también eres mar y eres abismo;
mar que abraza, mar de pasión que estalla y grita,
abismo oscuro en el que me sumerjo
para encontrar la vida.

Y tu voz es la voz del mar,
y yo acudo a su llamada.

7 CALOR

Como una planta, amo el calor en invierno,
siento su fuerza en mi piel, ansiosa de otros calores,
de caricias casi olvidadas.
Y deseo que esa energía se apodere de mi cuerpo ajado,
y crecer de nuevo hacia lo alto,
allí donde ahora solo está tu ausencia.

¿Podría este sol devolver el fuego a mi corazón cansado?
Apenas quedan las cenizas de una pasión extinguida,
rescoldos de un tiempo acabado.
Y sin embargo hoy encuentro fuerzas
para gritar tu nombre olvidado:
¡Amada mía, amada!

Pero el sonido es demasiado leve
y no te alcanza.

8 VERANO

No amo el verano, que te aleja de mí
(eso era antes, ahora ya estás lejos,
definitivamente).
Ni su luz,
ni sus tardes interminables,
o sus noches hechas para el amor.
No amo este mar,
tan calmo que parece muerto;
ni este viento cálido
creado para la locura.
Deploro la música estridente
que llena las calles, vacías hace no tanto.
Y quisiera huir del bullicio de estas gentes,
de sus voces y sus risas banales.

Y volver a ti,
cuando acabe el verano.

9 AGUA

Llueve. Veo la lluvia recorrer tu piel,
deslizarse por caminos
que yo transité no hace tanto.
(¿Por qué me engaño? ¡Hace tanto!)
Y quisiera ser como ella y abandonar
lo sólido que hay en mí
para ser enteramente agua.

(Pero no, no enteramente,
dejar una última esperanza, un imposible:
aferrarme con mis brazos todavía sólidos
a tu cuerpo tembloroso, antes de licuarme).

10 HUELLA

Apenas una línea en la distancia,
una mancha mínima, nada.
Y en lo alto el sol y esta luz que
hace irreal el día.
Camino con la mirada perdida
en ese horizonte imposible:
Desde tu partida, la vida es tan solo
el eco de una irrealidad.

Y, sin embargo, ¿acaso fue sueño
el mar profundo donde habita tu memoria?
¿Lo fue esta tierra verde y negra,
testigo mudo de tu ausencia?
¿Fue sueño la pasión antigua y
el dolor desesperado de tu despedida?

Una bruma densa y blanca
cubre mi alma cansada.
Ningún sonido me acompaña,
ninguna palabra tuya,
ninguna huella bajo mis pies desnudos.

11 NUBES

Elevo la vista al cielo
para implorar la luz de tu sonrisa.
Pero solo nubes negras
acuden a mi súplica;
son jirones de mi alma marchita.
Vuelan alto, cada vez más alto
en este cielo antes azul.
Recuerda,
al mirarlas ves retazos de mí.

12 LLUVIA

Llueve de abajo arriba, y es como si el cielo
hubiera usurpado su lugar a la tierra.
Y su ritmo es una oración,
una triste y callada súplica.
Llueve de abajo arriba, y es como si el corazón
hubiera dejado de bombear la sangre,
decepcionado de un trabajo sin aliciente,
continua y monótona repetición.
Y su silencio lo abarca todo.
Llueve de abajo arriba, y es como si el día
hubiera reconocido a la noche su poder,
cansado de buscar la luz huida.
Y ya no habrá azul ni cielo,
solo la densa lluvia que borra el horizonte.
Llueve de abajo arriba, y es como si lo profundo
rompiese la tierra, deseoso de alcanzar
un cielo que desconoce.
Y su mirada es la de un ciego.

Así llueve en el abismo, en la tierra y en el cielo.
Así mi corazón es lluvia.

13 NIEBLA

Camino sumergido en la niebla,
me envuelve esta opacidad lechosa,
esta irrealidad.
Pero hoy sé que su poder es efímero,
que muy pronto sucumbirá a tu luz.

14 NIEVE

Alzo el vuelo para ver este mundo blanco.
En él no hay grietas, cicatrices,
huellas del pasado.
Nada lo prostituye.

Es la cama de Dios,
fría y pura.

En ella quiero descansar
abrazado a tu recuerdo.

15 OTOÑO

Ahora es otoño, mucho tiempo después.
El pasado se pierde, se deshace como polvo,
el mismo polvo que seremos.
Aquella dicha inagotable (¿recuerdas?)
se ha desvanecido.

¿Qué queda de aquellos días
que hoy parecen no haber existido?
Tan solo una bruma densa que, lentamente,
se iguala a la noche.

16 SILENCIO 3

El oído no responde a mi voluntad
que quisiera silenciar las voces
de estas gentes vociferantes.
Hablan en lenguas que desconozco
con acentos extraños y sonidos
que nunca podré imitar.
Yo tan solo querría oír el sonido grave
y profundo del océano,
el rumor de las hojas de los árboles
heridas de muerte en este otoño que comienza,
o el último canto de los pájaros antes de partir.

Pero las voces continúan imperturbables,
ajenas a mi malestar creciente.
Discuten sobre temas que ignoro,
con pasión, orgullosas de sus razonamientos infantiles,
como si les fuese la vida en ello.

¡Y yo me siento tan distante!
Refugiado en el silencio,
sueño que también yo soy hoja en otoño.

17 CEREZOS

Os veo blancos, desnudos de pureza;
al alcance de la mano, domesticados,
pensados para el comercio y la codicia.
Yo os esperaba rojos y altivos en vuestro valle
bajo las altas montañas de nieves antiguas.
Y quisiera veros como a vuestros hermanos
de allende el océano:
elevados, orgullosos de sus colores delicados.
¿Son acaso sus raíces más hondas?
¿Su sol más cálido? ¿Sus aguas más puras?
O quizá, simplemente,
estas gentes os han traicionado.

18 BOSQUE

Toda la tierra es bosque, el horizonte,
el cielo es bosque.
La tierra oscura y verde en la que escucho
todos los sonidos, todas las voces.

Las voces del bosque son las voces del mar,
son las mismas voces.
Su canto es el mismo canto,
es el grito de la madre a sus hijos.
Hijos de la tierra o hijos del mar
es el mismo grito de desconsuelo.

Todos los animales son hijos del bosque,
todos los animales del bosque son hijos del mar.
Yo oigo sus voces, sus cantos, sus gritos.
Pero no oigo mi voz, no oigo mi canto, no oigo mis gritos.
No oigo mis pasos.

19 LUZ

A lo lejos,
sobre el horizonte inalcanzable,
hay una raya de luz blanca
en el cielo inmenso y negro.

Quisiera mirar tan solo esa luz,
esa esperanza,
y caminar sobre ella hasta encontrarte.

Entonces volvería a ser humano.

CANTO III

JUEGO Y DISTRACCIÓN

1 JUEGOS

Hace mucho tiempo quise jugar a ser hombre,
no parecía difícil, tenía toda una vida para aprender.
Enseguida comprendí que debía buscar
un lugar junto a los otros, solo tenía que imitarlos.
Así jugué los primeros juegos.
La pendiente de la vida era leve; obtuve
algunas victorias, me confié.
Un día llegaste tú y, una vez más, jugué.
Pensé que no era un juego nuevo,
sobrevaloré mi experiencia.
Pero sucedió algo imprevisto,
las reglas que conocía cambiaron,
no jugaba el mismo juego.
No supe verlo,
la apuesta era otra:

Abrí mi corazón…
Y perdí.

2 SENSUALIDAD

En mí permanecen (insensato, insensato)
el recuerdo de unas sábanas en desorden
y un vestido en el suelo abandonado.
De un gemido ronco y cálido
y los húmedos labios de un rostro velado.
De un vientre en mi vientre
y unos pechos de oscuro coronados.
De unas uñas en mi espalda
y el latir de un corazón desbocado.
De una noche que no fue noche
en un tiempo acabado.

3 PASIÓN

Es el destello de Dios, su reencarnación.
Como el universo, nada existe fuera de ella,
nada.
Ni la negrura inmensa, ni el infinito vacío
en el que vagamos.
Todo gira en torno a ese destello,
a ese recuerdo.
Y su nombre es tu nombre.

4 PLACER

Ese juguete del tiempo,
aunque has cambiado, no te he olvidado.
Porque es tu rostro lo que veo
bajo el sol declinante de la tarde,
y tu cuerpo desnudo que esculpo
con mis torpes manos.
Así abrazo tu ausencia.

Sí, te conozco bien...
Y te extraño.

5 VELO

Amanece. La niebla abandona
el mar del que surgió,
asciende las altas montañas hasta agonizar
deshilachada como el velo de una novia.
Ha gastado su vida.

Yo quisiera pintar tu recuerdo en ese lienzo,
detener el tiempo, conjurar el olvido.
Volver a ti y abrazar tu cuerpo
ávido de conocimiento,
buscarlo juntos, cuerpo con cuerpo,
sudor con sudor
y emborracharme de tu olor y tus caricias.

Recuperar la vida,
desandar lo andado: hora a hora, año a año,
y regresar al instante en el que sobre
tus pies desnudos,
todavía inmaculado, cayó tu velo.

6 ENSOÑACIÓN

Esta mañana los árboles me susurraron:
"Pareces feliz, nos sorprende verte así,
pero, aunque no sabemos la razón, nos alegramos".
Más tarde, los pájaros del bosque se posaron
frente a mi ventana y cantaron:
"Pareces feliz, nos sorprende verte así,
pero nos alegramos".
Y se fueron volando de nuevo al bosque,
quizá los árboles se lo habían contado.
Al atardecer me llamaron mis amigos. Fueron breves:
"Pareces feliz, pensábamos que estabas muy enfermo,
nos alegramos de que no sea así".
Ya era noche cuando mis padres muertos
vinieron a saludarme,
hacía mucho que no lo hacían. Dijeron:
"Pareces feliz, ¡nos alegra tanto verte de nuevo!".
Entonces supe que no despertaría de mi sueño porque,
mientras sentía tu abrazo, oí tu voz
que me susurraba dulcemente:
"Nada temas amor mío,
ya nada puede separarnos".

7 LA CIUDAD DE PIEDRA

Camino por calles desiertas
en esta ciudad que una vez fue nuestra.
No hay nadie en la plaza de piedra
ni en las terrazas mojadas,
nadie bajo los soportales
que nos cobijaron.

Hoy la luz es demasiado blanca,
como si hubiera enfermado;
me imita, quiere acompañarme.

Yo agradezco ese gesto, esa compañía,
y deambulo agradecido por las calles vacías.
Tú no estás (no volverás a estar nunca),
pero la ciudad sigue a mi lado;
es generosa, conservará mis pasos.

8 PEREZA

Sé que hay una luz nueva tras los cristales
de mi cuarto a oscuras;
gente que sonríe a la vida,
jóvenes que se desperezan del abrazo de la noche
y niños que se visten de ilusión.

También recuerdo hombres
que acuden a sus trabajos con la conciencia tranquila
y las manos encallecidas,
y ancianos felices de despertar a un día nuevo.

Intuyo que el sol ha acudido puntual
a su cita en el cielo,
y que se formarán nuevas nubes
allá en el mar profundo,
para que la lluvia pueda fertilizar la tierra baldía.

Y sé que debo ir a verte y decirte que lo siento,
que yo no era yo,
que la noche es traidora
y ocurren cosas que no deberían suceder,
que ya sabes, una cosa lleva a otra,
una copa, un beso sin importancia,
una amiga que, ¡de verdad, te lo juro!, es solo amiga.

Pero este dolor de cabeza me está matando,
y esta sequedad en la boca y la necesidad de lavarme
y borrar las huellas de una pasión fingida...

Si, lo sé todo, pero hoy, amada mía,
¡es tan grande mi pereza!

9 LIBROS

Recorro el pergamino de tu piel
con mis dedos de ciego.
Así conozco todas las palabras
porque nada está escrito fuera de ti.
Y es tan grande el conocimiento
y tan ardua la tarea,
que necesito la vida entera para alcanzarlo.
(Para alcanzarte)

10 LECTURA

En la vida más allá de la vida está la lectura.
A ella me aferro para expandir esta realidad
que me envuelve; alegre o triste, amable en ocasiones,
monótona (todavía no cruel) casi siempre.
Como Borges, soy un lector orgulloso de lo leído,
pero aun hay luz en mis ojos, y agradezco esta claridad
del día recién nacido y el sonido del mar bajo mi ventana
que me devuelve tu recuerdo.
Porque existe un sonido para cada lectura,
y el mar eres tú, sonido antiguo,
lectura desgastada por el tiempo y la distancia.

Y tu piel es el libro que no volveré a leer.

11 MÚSICA

Tú corazón construye el sonido,
le da forma para hacerlo música.
A ella me aferraba como un náufrago
temeroso de perecer en el silencio.
"¿La oyes?", me decías acercando
tu pecho a mi oído, "¿entiendes lo que dice?".
"¡Claro!", respondía:
"Dice amor y dice vida",
esa era tu voz antes de que todo fuera pasado.
Pero te fuiste, y contigo se fue la música.

12 INVITACIÓN A LA DANZA

El aire se hace carne para que el espíritu
se muestre en tus pies de bailarina
y en tus manos alzadas al cielo,
junto a las almas de los justos
y los querubines sin voz.
Tu danza es callada y leve,
ajena al cielo de los que te contemplan.
Nada la importuna,
nada existe fuera de ella,
sola en el vacío infinito.

De pronto, la danza cambia,
tu cuerpo tiembla, se agita,
crea la voluptuosidad.
Entonces los querubines
recuperan su canto
y los justos añoran
sus cuerpos olvidados.

Y, mientras surge el mundo nuevo,
mi alma acaricia el silencio.

13 VINO

Es lo líquido lo que me conmueve,
llevo su cuerpo sin forma a mis labios
ansiosos de recuperar el color que han perdido.
Y bebo para que se funda con mi sangre
(su igual),
en busca de la pasión perdida.

Pero solo consigo recuperar tu ausencia.

14 AROMA

Sé que hay un sol más allá de estas nubes grises,
 y un cielo azul y profundo al que quiero elevarme.
Desde allí podré verte sentada en la plaza de piedra
de la ciudad vacía,
y escucharé tu voz que habla a otros.
Hasta mí llegará el aroma intenso del café
que besan tus labios,
y sabré que podría cambiar el cielo infinito
por ser así besado.

15 PINTURA

Es el lienzo quien me llama, a él acudo
cada mañana cuando el sol apenas ha despertado.
Está ahí, con los colores y formas
que ha ocultado durante la noche.
Colores que no recuerdo, formas
que en mi sueño he deformado.
Así comienza la danza, y mis dedos son los pies
que surcan la tela que una vez fue pura.
Entonces nuevos colores
asoman su expresión dubitativa:
¿Seré yo quien, finalmente, permanezca?
Y nuevas formas surgen henchidas de soberbia
en el nuevo mundo creado.
Más tarde, agotado, abandono ese mundo nuevo
sin saber si sobrevivirá un único y eterno día.

16 CANTO

No es la mía una voz sola, aunque quisiera.
Es una entre otras, apenas audible
en medio de este coro solemne.
Yo me esfuerzo en evitar toda disonancia,
pero no me es permitida tanta dicha.
Sin embargo mi voluntad no decae,
y quisiera robar otras voces y hacerlas mías,
apartarlas de estos cantos superfluos
y retornarlas al elevado mundo
que no debieron haber abandonado.
Es allí donde quiero encontrarte,
entonces te cantaré con mi voz robada
y ese canto será mi última declaración de amor.
Mi oración postrera.

17 POLÍTICA

El mal son los otros,
a esto se reduce todo.

He cambiado de ideas
para seguir tu pensamiento,
siempre igual a sí mismo,
convencido de la verdad inmutable.

Pero el mundo gira,
las generaciones se suceden
y nada es lo que fue.
Tampoco tú, tampoco yo.

¡Oh, si fueras igual de constante en el amor!

Nada es mentira en el teatro,
no hay simulación, nadie se llama a engaño.
Cuando se apagan las luces, la verdad
resplandece en el escenario.
Yo asisto admirado a esa verdad:
veo los gestos como sombras vivas,
y escucho las voces declamadas
que sobreviven a tiempos antiguos.
Soy como un dios que contempla a sus criaturas,
libres e impredecibles.
¿Y mi vida? ¿Cuál es su verdad, cuál su mentira?
¡Qué difícil es ser espectador de uno mismo!
Distinguir los gestos, reconocer las voces.

19 VIAJES

Hay un viaje en mi recuerdo
(hubo otros, pero palidecen, se confunden y difuminan).
No fue a países extraños. Había montañas suaves
y paisajes cercanos.
Ya no éramos jóvenes. En él estaba la vida
asida a nuestra mano.
A veces cierro los ojos para recuperar ese viaje.
Y vuelvo a ver tu sonrisa y tu desmayo,
y vuelvo a sentir la calidez de tu abrazo.
Había montañas suaves y paisajes cercanos.

CANTO IV

EL HILO DE LA VIDA

1 INFANCIA

No tengo recuerdos de mi infancia,
apenas dos o tres imágenes.
No debió de ser una infancia feliz.
¿Qué es la infancia para un hombre, una mujer?
¿Cuál es su sentido, si existe?
Vuelvo la mirada al pasado y entreveo un rostro,
unos ojos que, sin saberlo, buscan algo en el horizonte.
Quizá lo encuentren, ¿cómo saberlo?
Esos ojos no saben nada de una vida que es solo futuro
(eso piensa, eso le dicen).
Pasará el tiempo y descubrirá sin sorpresa,
que la vida, en realidad, es solo pasado.

2 JUVENTUD

Mis sueños de juventud lo fueron de madurez
(aun no te conocía).
No hubo tiempo a que el tiempo me deslumbrara,
a sumirme en su vorágine.
Navegué en aguas calmas, sin añoranza de otras
que desconocía, más turbulentas.
Así, la travesía fue plácida, el rumbo conocido;
no hubo señales que anunciaran la tormenta.
Pero el deslumbramiento existe, y una mañana,
en un jardín descuidado, supe que la juventud,
simplemente, había estado esperando.

3 CAMINANTE

Hay algo telúrico, primitivo, en el caminante.
Es la lenta constancia hasta alcanzar la presa,
(más veloz, siempre, siempre).
Esa fue la fortaleza del hombre durante miles de años,
hasta que aprendió a matar a distancia y, más tarde,
a engañarla con el señuelo de darle protección y alimento.
También yo fui caminante antes de conocerte,
antes de ser presa y aceptar tu señuelo.
A veces sueño con iniciar nuevas sendas,
pero no hay horizonte tras la empalizada.

4 CAMINOS

Nada podrá apartarme de mi camino.
Eso pensaba, ingenuo, cuando todavía
no tenía edad para iniciarlo.
Ciego, transité rutas que otros trazaron,
sin mirar a los lados, con la frente alta
y la vista en el horizonte lejano.
Así pasaron algunos años sin que me distrajeran
otras sendas, otras posibilidades.
Torpe y seguro avancé hacia ninguna parte.
¡Oh, si mi sensibilidad hubiera sido mayor,
si mi inteligencia la que yo creía…!
Habría conocido otros mundos, admirado otros paisajes.
¡Era tan sencillo! Me hubiera bastado con seguir
el camino que me llevaba a ti.

5 SOLEDAD

En mi sueño he visto tu rostro
sin máscara ni afeites.
Tus labios no estaban pintados,
ni el negro rasgaba tus ojos.

Me sorprendió la lividez de tu piel,
el sabor acre de tus labios ausentes
y la falta de luz en tu mirada.
Tu cintura había crecido hasta deformar
 la esbeltez de tus caderas,
y tus senos, temerosos, evitaban mis manos.

Ningún sonido salía de tu garganta,
ninguna palabra,
ningún gemido.
Entonces una leve esperanza
germinó en mi pecho como el aleteo del ángel
que ignora su cercana caída.

Y comprendí que solo alcanzaré la soledad
cuando muera tu recuerdo.

6 ORGULLO

¡Soy tan feliz! Nunca creí que pudiera serlo tanto.
Mis padres no se lo creerían si pudieran verme
allá dónde estén, en lo alto
o en lo profundo.

La vida me sonríe, soy un triunfador.
Y todo lo conseguí por mi mismo,
sin ayuda, sin favores:
Nadie me enseñó a robar.
Ni a matar.
Las mujeres que violenté fueron fruto de
mi deseo.

Algunos políticos quisieron acompañarme,
pero los rechacé.
Los crímenes que cometí
fueron mi obra única.
Es mi legado, nada debo.

Soy el orgullo de mi estirpe.

7 BELLEZA 2

Conozco la belleza,
sus formas delicadas y tenues.
Puedo recrearla como lo haría un orfebre,
reconociendo cada centímetro,
escudriñando cada surco.
Acude a mí cuando la llamo
sin que mi voz la altere.
Nada la perturba, está en mi alma.
Es la huella de tu recuerdo.

8 HIJOS

Dios, arrepentido, decidió devolvernos el paraíso.
Eso son los hijos, la conciencia del paraíso;
todo está en ellos: el amor, la esperanza, la ternura.
Entonces la vida adquiere una dimensión nueva,
se expande como el universo, como el tiempo;
crea un tiempo nuevo, una proyección de futuro.
Así conoces la pequeñez que eres,
la fragilidad que habitas.
Y, siempre, el temor a equivocarte,
porque nadie nos enseña a ser padres.
Pero no importa,
también Dios fracasó con sus criaturas.

9 MADUREZ

El tiempo reposa tras un largo esfuerzo,
toma conciencia del trayecto realizado.
Es ahora cuando, por vez primera,
la serenidad deja entrever su rostro, su promesa.
A ella me asomo, calmado mi cuerpo y mi espíritu.
Pero apenas la rozo, huye temerosa:
Tu ausencia, como un veneno, destruye ese imposible.
La felicidad es una amiga esquiva
que he aprendido a querer a distancia.
Acepto su partida, pero sé que está ahí
(que estás ahí) aguardando.
¡Oh, si supiera retenerla en este otoño que comienza!
Bajo el árbol donde todo empezó,
las hojas muertas comienzan a cubrir mis pies desnudos.

Estará allí, en su refugio secreto,
aguardando su llegada.
Llueve. Él llegará al anochecer,
estará mojado, tendrá frío.
Lo acogerá entre sus brazos,
le dará todo el calor del universo.
Todo es luz. Verá pasar el día
henchida de esperanza;
el pasado es un eco que se pierde en el olvido.

El frío es negro como la noche,
como el temor que crece en sus entrañas.
Una vez y otra mirará la plaza vacía, confiada
en la pronta aparición del hombre con el que
la vida volverá a ser vida. Es feliz.

La tarde se hace noche, él no tardará.
El reloj se ha vuelto un instrumento de tortura.
No hay voces en la plaza,
solo el desorden de su corazón alterado.
La noche es más noche, más noche.
También ella siente frío. Las lágrimas que cubren su rostro
se confunden con la lluvia que arrecia.

Todo es silencio.
Volverá a casa, sonreirá a su marido.

11 INGENUIDAD

Yo pensaba, ingenuamente, que en mi vida
había un antes y un después.
Eso eras tú, el límite que me construye.
Ahora pienso que es una verdad incompleta.
Un antes sí, sin duda.
Pero no existe un después.

12 EL NADADOR

Solo la cabeza emerge
entre las aguas del mar agitado.
Y los brazos, también los brazos,
acompasados, sin pausa.
La cabeza ladeada
en el aire frío de la mañana.

El sol se eleva, hay nubes blancas,
pocas, en el horizonte.
Ningún sonido lo perturba,
la respiración se acompasa al braceo.
Lleva los ojos cerrados,
¿para qué abrirlos
en medio de la inmensidad de agua?

Su piel es negra.
Muy atrás queda su casa de tierra
y su pueblo calcinado.
Más cerca, bajo el océano que surca,
su barca de madera
y sus compañeros de travesía.

También él morirá, lo sabe.
Solo piensa en el frescor del agua,
su alma está limpia.

13 VANIDAD

Podría subir a las montañas más altas
y acariciar las estrellas en la noche infinita.
Podría cantar a los pájaros más bellos
y sonreír a los ángeles del cielo.
Podría escribir los poemas más hermosos
y componer las más dulces melodías.
Todo lo podría hacer con solo escuchar
tu voz cuando pronuncias mi nombre.
Pero, por más que agudizo el oído,
no te oigo.

Todo se corrompe: una planta, una ciudad,
una civilización.
El pasado reclama su segura victoria
(es tan fácil, solo tiene que esperar).
También el amor.
¡Te he escrito tantas veces!
Y cada carta era la última carta;
y cada esperanza, la última.
Pero las raíces estaban secas,
los cimientos se habían cuarteado,
el sueño se había desvanecido.
¿Qué nos queda ahora, después de tanto tiempo?
Paso la mano temblorosa por las grietas de mi rostro:
son las huellas de una civilización perdida.

15 LABERINTOS

Hay una vorágine de caminos en la vida,
todos prometen llegar al destino ansiado.
Tomé uno cuando era joven. ¡Parecía tan prometedor,
circundado de verde y mar bajo el cielo profundo!
Caminé confiado, seguro de mi elección,
hasta comprender que era un camino equivocado.
Lo supe al conocerte, un millón de años tarde.
Cuando quise desandar lo andado, confundí las sendas.
Estabas tú, lo sabía, pero ningún camino te alcanzaba.
Ahora soy el minotauro que anhela ser ejecutado,
y así, al fin alcanzar la salida.

Al mirar atrás veo la vida, al frente solo oscuridad.
El tiempo se ha vuelto irascible como un adolescente,
reacciona de forma impredecible: rápido casi siempre,
salvo en el dolor, ese preámbulo del tiempo sin tiempo.
Ahora todo es recuerdo.
Con frecuencia creciente observo el deterioro del cuerpo,
y me gustaría consolarlo como a un niño indefenso.
Decirle: "No temas, estoy aquí, contigo, como siempre".
Pero no puedo darle esperanza, solo piedad.
Nos estamos alejando uno del otro, mi cuerpo y yo.
Miro su lucha y su desamparo, sus temblores, sus olvidos,
(y él, ¿qué piensa?)
Asisto a un teatro en el que el actor ha olvidado su papel,
deambula por el escenario en busca de ayuda,
pero la sala está en penumbras.
Entonces comprende que la función ha acabado
y solo queda esperar a que caiga el telón.

17 ESPEJOS

Ahora, en este tiempo vencido por el tiempo,
los espejos son el enemigo implacable,
el notario de nuestra decadencia.
Es nuestra imagen lo que nos turba,
la verdad inasumible.
Por eso nos refugiamos en la memoria,
esa aliada de tiempos mejores.
Porque solo soy yo en mi memoria
rechazo esa falsedad que me mira
inmisericorde desde el espejo.
En mi memoria estoy yo y estás tú,
la única verdad que me constituye.

18 HIPOCONDRÍA

Todo lo malo puede estar en el cuerpo, agazapado,
esperando el momento en el que darse a conocer.
Entonces será el horror.
Es esta la convicción del hipocondríaco, mi certeza,
y nada puede apaciguarla, solo posponerla.
Porque ahora el cuerpo es el enemigo,
de él vendrá la muerte (su muerte y mi muerte).
Yo quiero cuidarlo, hacerle ver que somos uno en la vida;
pero no es fiable, sus señales son equívocas, cambiantes.
Hubo un tiempo en el que nos llevábamos bien,
nos apoyábamos, esperábamos cosas gratas uno del otro,
nos entendíamos.
Pero ahora...

19 ENFERMEDAD

Nuestro cuerpo es el desconocido que habitamos,
todo en él nos desconcierta.
Somos náufragos perdidos en la noche inmensa.
Durante años caminamos confiados,
seguros del camino que recorremos,
orgullosos de nuestro conocimiento.
Llevamos la cabeza alta mientras miramos a lo lejos,
siempre hacia fuera, hacia el mundo que poseemos.
Hasta que un día, en un tiempo que arrebata el tiempo,
el cuerpo, nuestro cuerpo olvidado,
aparece ante nosotros para asumir su preeminencia.
Entonces todo cambia.
Ya no hay mundo ni camino, no hay orgullo ni cielo,
solo vísceras y sangre y desolación.
Asustados ante este universo nuevo,
abrimos nuestras bocas para absorber la vida
que se nos escapa, y suplicamos protección
a los dioses que habíamos olvidado.

En esta postración,
solo tu memoria puede confortarme.

Post Scriptum 1

MUERTE

Te busco entre los pliegues de mi alma y no te encuentro.

Post Scriptum 2

EPITAFIO

Nada consuela tu ausencia.
Nada, ni siquiera esta muerte que me acoge entre sus brazos.

Post Scriptum 3

INFIERNO

No recuerdo por qué te he querido tanto.

NOTA DEL AUTOR

Monodia es la música a una voz, con una sola melodía.

El poemario está estructurado en cuatro cantos de diecinueve poemas cada uno: Ficciones, Naturaleza, Juego y Distracción y El Hilo de la Vida, este último con tres Post Scriptum.

En ellos no hay polifonía, no suenan distintas melodías simultáneamente.

Es una voz sola, una sola vida.

ÍNDICE

CANTO III. JUEGO Y DISTRACCIÓN, 61

λ

Ediciones Vitruvio

Colección Baños del Carmen

Últimos libros publiacdos:

Mil años de poesía (1000-2000),
número mil de la colección Baños
del Carmen

Autobús nocturno, de Luis
Machuca Moreno

Donde nadie dirige la mirada, de
Fernando Fiestas

Siempre promete amanecer, de
Ignacio Eufemio Caballero

Recuento de ilusiones, de Norberto
Garcés

Y la que escucha no es ella, de
Silvia López Ripoll

La levedad, de Cristina Liso

La niña que ha sembrado la tierra
del poema, de Josela Maturana

Despacio y tiempo, de Angie
Expósito

El agua en la mano, de Félix Recio

Parábola entre parabólicas, de
Pablo Villa

Centinela del viento, de Daniel
López Acuña

Guiñol, de Pedro López Lara

Historias encontradas, de Domingo
Luis Hernández

El gozo cumplido, de María José
García Mesa

Postales del norte, de Juan Gil
Bengoa

Obra poética incompleta, de Yong-
Tae Min